Jürgen de Bassmann | Eva Hoffmann

GEDICHTE IM DUNKELN

Ein poetischer Dialog

Nur Sie. Das Gedicht. Und Ihre Phantasie.

„Gedichte im Dunkeln"
ist das Buch zur gleichnamigen Lesereihe,
bei der die beiden Autoren eine Auswahl der hier enthaltenen Texte
in einem dunklen Raum vortragen.

Bibliografische Information der Deutschen Nationalbibliothek:
Die Deutsche Nationalbibliothek verzeichnet diese Publikation in
der Deutschen Nationalbibliografie; detaillierte bibliografische Daten
sind im Internet über http://dnb.dnb.de abrufbar. Die automatisierte
Analyse des Werkes, um daraus Informationen insbesondere über
Muster, Trends und Korrelationen gemäß §44b UrhG („Text und
Data Mining") zu gewinnen, ist untersagt.

© 2024 Jürgen de Bassmann | Eva Hoffmann

Mit einem Vorwort von Michael C. J. Landgraf

Titelgestaltung unter Verwendung eines Motivs von Pforfoto/Pixabay
lost places 155076
Weitere Fotos: Alexander Hoffmann

Herstellung und Verlag: BoD – Books on Demand, Norderstedt

ISBN: 978-3-7597-5318-2

DAS INHALTSVERZEICHNIS

…finden Sie auf dem dazugehörigen Lesezeichen, welches bei Lesungen oder den Autoren persönlich erhältlich ist.

Wenn Sie dieses Buch online bestellt haben, können Sie das Lesezeichen über unsere Homepages anfordern.

Und nun: ICH und DU im Dialog der Poesie.

Für Dich. Wen sonst.

VorWORT

„Edle Lyrik ist das beste Heilmittel
gegen die nüchterne Unrast der Zeit"
Rainer Maria Rilke

Lyrik ist Balsam. Fein gewählte und kunstvoll verbundene Wortgefüge tun der Seele gut.

Lyrik ist Balsam. Weil die Herausforderung die „Unrast" ist, von Rainer Maria Rilke erkannt. Das tägliche Allerlei in Familie und Beruf, eine gesellschaftlich spürbare und sich Bahn brechende Unzufriedenheit oder ein medial hyperaktives Vollprogramm.

Lyrik ist Balsam. Sie tut gut, wenn alles „nüchtern" scheint. Dabei ist die in früheren Jahrhunderten spürbare Hochschätzung der Dichtkunst mit Legenden wie Novalis, Goethe, Schiller, Hölderin und Scheffel kaum mehr zu spüren. Für Aristoteles war Lyrik, neben dem Epos und dem Drama, eine der drei Säulen der Literatur. Daraus ist heute ein kleines Pflänzlein geworden, misst man Erfolg am Sortiment von Buchhandlungen, wo nüchterne Sachbücher neben Romanen dominieren.

Lyrik ist Balsam. Weil die Lyra im Namen steckt. Mit ihr wurde das Lyrische in antiken Zeiten begleitet. Ein leises Musikinstrument, auf das man sich einhören muss, fein gestimmt, um für das Leise sensibel zu sein.

Lyrik ist Balsam. Ein „Heilmittel", nach Rilke das „Beste" sogar, für sehr unterschiedliche Seelen. Daher kann und darf sie auch auf unterschiedliche Weise poetisch träumen. Die Texte von Eva Hoffmann und Jürgen de Bassmann offenbaren dies. Ob Lyrik frei improvisiert oder im Endreim getaktet, sie lassen eintauchen in das Meer der Dichtkunst, das im Zerrinnen die Zeit auf einem Teller serviert.

Lyrik ist Balsam. Wie heilsam wird sie erst sein, wenn die „Gedichte im Dunkeln" dann wirklich im Dunkeln wirken. Ein Lyrik-Erlebnis der besonderen Art, bei dem alle Sinne auf das gesprochene Wort ausgerichtet sind. Welch ein Balsam!

Von Herzen,

Michael C. J. Landgraf

Schriftsteller und Generalsekretär
des PEN-Zentrums Deutschland

Worte

Dieser Ort könnte schöner kaum sein.
Hier bin ich gefangen. In mir.
Ich kann daraus genauso wenig heraus
wie aus diesen Worten.

Worte. Immer sind es Worte.
Die die Grenze vorgeben.
Mauern bilden, durch die ich nicht dringen kann.
Mich nicht dorthin lassen, wo alles möglich ist.

Wo ich möglich bin. Und du.
Gäbe es die vermaledeite Sprache nicht!
Ich wäre ganz Gefühl. Gewissheit.

Geborgenheit. In deinem Blick.
Wir müssten nur sein.
In diesen Worten finde ich nicht mich. Nicht dich.

Schnittstelle

Nimm mich mit ins Dunkel,
ich schenk dir Anthrazit.
Halte mich ganz fest, dann
spürst du nicht den Schnitt.

Schaue in mein Auge
als wärs ein Mikroskop.
Ein Auge mit vier Ecken,
Blick wie ein Zyklop.

Gib dich her, verlier dich.
Ich leihe dich mir aus
und zieh dich in die Gänge
des Kaninchenbaus.

Streich dort zart durch meine
Philatelie des Lichts.
Ich spende keinen Trost, ich
korrigiere dich.

Silikon und Gleichstrom,
die tun bestimmt nicht weh.
Falls doch: Drück zehn Sekunden
Taste A und E.

weg

wir gebären einander
erden namen in asche

hymnen flaggen ausflüchte

ich schreibe namenlos ins moor
im delta verliert sich meine fährte

In digitalen Volieren

Wie Kolibris in digitalen Volieren –
So viele, dass man sie nicht unterscheiden kann.
Symbole, Siegel und Bordüren.
Beständig schau'n mich neue Zeichen an.
Sie mischen sich hypnotisierend
zu schillernd bunten Bilderschlieren,
zu Wolken aus lackierten Federtieren.
Ich werde mich in ihnen – und sie sich in mir – verlieren.
Ein Balken zeigt den Fortschritt an.

Ich kann die feinen Daunen mit den Fingerspitzen spüren.
Wie Transplantate haften sie mir an
und lassen mich im Inneren vibrieren.
Ich fühl die kleinen Federkiele subkutan,
wie sie mich Stück für Stück assimilieren
und wie sie leise schwirrend ihren
Gefiederschmuck in meine Haut gravieren.
Ein Balken zeigt den Fortschritt an.

Ich bin in sie – wie sie in mich – tief eingedrungen
und finde einen weitverzweigten Plan.
In ihren Plasma-Schwarm gezwungen,
gefangen auf der goldnen Leiterbahn,
durch ihre zarten Schwingen eng umschlungen:
Jetzt stellen sie die Forderungen.
Ein Balken zeigt den Fortschritt an.

Sie bauten mir ein hartes Nest aus Silikaten,
verlötet, kalt und filigran.
Bin abgelegt auf ihren Speicherkarten,
die letzten Konnektivitäten sind vertan
und ich kann nur noch auf den Download warten.
Ein Balken zeigt den Fortschritt an.

Lücke

So unauffällig wie möglich
war eine Abkürzung da-
gewesen, die Zeit unverändert.

Zufälle & Verlangen waren verzeihlich.
Orte, die sich nicht lückenlos anschlossen -
dort, wo niemand mehr sprach.

Auf Kante

Sie hocken auf Kante und glotzen
dich an mit einem halben Dutzend
Augen. Kullern manchmal unter den Tepp-
ich, in Versuchung dich zu verführen.

Sich der Gerade entziehen
kubisch auf Kante gebaut. Memo:
Unten ist immer das Hühnerauge.
Gerade verhöhnen: die oder das?

Schließe die Augen: unter oder über
-würfeln - der Zauber des Hexaeders.

Dieses Haus gehört mir nicht

Dieses Haus gehört mir nicht.
Es steht mit mir auf nassem Grund,
auf Schutt und morschen Steinen.
Blinde Asseln perlen
aus den Rissen in den Fundamenten,
rollen auf den harten Rücken.
Sie winken mir mit vierzehn Beinen,
die lange noch in Wellen oszillieren,
bevor die Anverwandten still verenden.
Dieses Haus gehört nicht mir.
Es ist geliehen von den grauen Panzertieren.

Dieses Haus gehört mir nicht.
Mein Herzschlag pulst und wölbt die Wand,
dehnt Böden, Dielen, Decken.
Auf Tapeten wachsen,
bleich, als wäre ich von Pilz befallen,
feine weiße Aderwerke,
halbfeuchte Spuren, wie von Schnecken,
die hygroskopischen Salpeterblüten,
aus eisig blutleer schimmernden Kristallen.
Es gehört nicht mir, dies Haus.
Es ist verpfändet an das Netz der Leukozyten.

Dieses Haus gehört mir nicht.
Latenzen lagern unterm Dach,
in Kästen und Vitrinen.
Schnäbel, Federn, Flügel
schwirren dort. Die fremden Brutgeschwader
trugen mich durch hohe Luken
in skoliotischen Kaminen.
Der Bau mit Speichern und geheimen Kisten
liegt fern, ist nur noch ein Katasterquader.
Nein. Dies Haus gehört nicht mir.
Ich ließ es denen, die in den Mansarden nisten.

Mein GrundRiss

Sich in Stahlmatten betten
Anker zementierend
vorm Absaufen mit weißer Wanne
Der Sprung in Kamelhaarmäntel.

Ich habe einen Grundriss:
Ich kann mir mich nicht vorstellen
Die Suche wo ich zuhause bin
Der Spalt der mich verbindet mit mir.

Den Spiegeln standhalten
macht mich noch nicht zum Menschen
Scheuklappen im Pinselstrich
Ich kann mir mich als Handwerker nicht leisten.

Echo

Alles erschien mir nah
im Grunde Wände herauszunehmen

voller Vorfreude Fiktion
ein Echo

man müsste sich zu begnügen wissen

das mit dem Leerzeichen war mir
nicht wahr, nicht aufgefallen

mir imponiert
lustigerweise der Hintergrund.

Ein Teller Zeit

Die Uhr liegt flach auf meinem Küchentisch.
Ein Teller Zeit. Und ein Besteck.
Ich aß sie oft zum kalten Abendbrot,
an meinem schäbigen Gedeck.
Nur Haut und Knorpel hatten da die Stunden,
wie Gräten stachen die Sekunden.
Wenn ich dann satt war, war sie tot.
Ich stochere in mir und in den Jahren,
warum sie damals so voll Hunger waren.

Die Zeiger stürzten und erhoben sich.
Die Zeit ist wieder zu Besuch.
Mit Gabeln kratzt sie über meine Uhr,
radiert sich aus dem Gästebuch.
Fällt ein, wo die Anorexien wohnen,
verschenkt die letzten Notrationen,
zerschneidet Goldrand und Glasur.
Im brühetrüben Bodensatz des Tellers
drehn sich die scharfen Zeiger immer schneller.

Jetzt ist es still. Mein Stundenteller ruht,
das Räderwerk aus Tagen steht.
Kein Ticken. Wolkenweißes Porzellan.
Ich spreche stumm das Nachtgebet.
Im kalten Küchendunst schleichen sich Schaben
und Schwärme bleicher Zytophagen
als neue Tischgenossen an.
Und an der einsam nackten Küchenwand: -
ein leerer Nagel und ein runder, grauer Rand -.

Kalenderblätter

Ich wende mich zu neuen Formen -
Format und Formblatt ausgehöhlt,
geb' ich nun Raum für Sonntagsschranken.

Ich melke Tage wenn ich kann.

Welk hängt perforiert was nicht entwischt.
Und dann und wann ein weißer Elefant.
Kehr auf was aus der Luft gegriffen

greif tief hinein und strick daraus ein Kissen
mit Form, Format zum Wälzen.

Blattwerk wandeln werde ich.

Das blaue Tagebuch

Warum sollte man
sich vor der Zukunft fürchten

Die Vögel wissen
zu sprechen
Doch jetzt stehen die Wetten

Daran merkt man
dass nichts von Dauer ist.

Feuerfest

Die Flammen brannten durch bis auf den Knochen.
Arme, angekohlt in blütenweißen Binden:
Wie die feingenarbten Rinden
abgeschmückter Maibaumbirken.
Pass bitte auf. Er sagt, sie sind gebrochen.
Unter Mullkompressen schmort die Haut
in marmorierten Schwarten, wie zerhackt.
Der Wulst der Lippen hart verbacken.
Wenn ich ihn drück', hör hin: Es knackt.
Der Harnstoff und die Glycerine wirken.

Die Erdbeer-Bläschen - wie sie leise kochen
wenn die letzten Zellmembrane knisternd platzen.
Jucken steigt aus den Matratzen,
denn ich soll im Liegen leiden.
Mach kurz und schnell. Du hast es mir versprochen.
Diese Hitze klebt und tropft nicht ab.
Von Epidermis hebt sich heller Flaum
aus frischgestärkten Festtagsspitzen.
Geh ganz nah ran, man sieht ihn kaum.
Dabei bin ich der ält're von uns beiden.

Die wahren Schmerzen kommen erst nach Wochen.
Wenn aus feingeblümten Kaffeenachmittagen
plötzlich Dämmerschatten schlagen,
dröhnend von den Wänden hallen.
Ich hab es nicht geseh'n und nicht gerochen.
Funken, ein Kanister Aceton,
das Blaulicht zuckt. Es war die Ungeduld.
Dann Trümmerschlaf der Opiate.
Ich weiß doch, es ist meine Schuld.
Geh weg, wenn bald die Schatten auf mich fallen.

Muffling Memories

Zu Boden geknüppelt, die Fenster
beschlagen, dort wo Seismographen
Lektionen erteilen: Dichtemessung

Der Ort ein Relikt
aus Blinddärmen platzen mit Bravour
Visitenkarten im Schattendasein

Gehe nicht über Los.
Folge dem Carré der Wände.

Mich kränkt deine Beschlagenheit
Am Siedepunkt.

muffling= einhüllen, dämpfen

Draußen über den Dächern

Hommage an Wolfgang Borchert

Nachtleer borchert es Steineinsamkeit
zerschneidet das Maunzen der Fensterflügel
Talsohlen wie Motoren
      teerdunkel vorüberschreiend

Dass sich der Teer nicht verschluckt
am Reifenabrieb. Atmend kleiden zur zweiten
Haut. Ich fege meine Gummizelle
      glotze aus nachtleeren Augen

Clowntraurigkeit wie Mottenkugeln penetrierend
mir mich vorgaukeln. Ich übe täglich meinen
Part. Träume mit den Brüdern
      den Traum lächerlicher Menschen

Wir mit unseren kleinen Begriffen
und greifen nach blausüchtigem Nebel
Bis man uns von der Bühne rollt
      windüberheult, gehäutet

Und draußen steht die Nacht
in den pflastermüden Straßen.

Verbrenner

Ich bin ein Verbrenner.
Ich produziere Rauch.
Ich rauche tausend Kippen,
immer nur auf Lunge.
Hab Blasen auf der Zunge.
Ich habe gelbe Lippen
und gelbe Finger auch.
Ich bin ein Verbrenner.
Ich produziere Rauch.

Ich bin ein Verbrenner.
Ich habe vollgetankt.
Auf blanken Felgen fahren,
dass die Funken fliegen,
im Straßengraben liegen,
kenn ich seit jungen Jahren.
Hab immer schwer geschwankt.
Ich bin ein Verbrenner.
Ich habe vollgetankt.

Ich bin ein Verbrenner.
Ich bin vom alten Schlag.
Ich hab nen Bluterguss,
einen offnen Bruch.
Ich habe Mundgeruch
nach Diesel, Öl und Ruß.
Ich gebe niemals nach.
Ich bin ein Verbrenner.
Ich bin vom alten Schlag.

Ich bin ein Verbrenner.
Und ich verbrenne mich.
Fahr niemals angeschnallt.
Die Zylinder kochen,
verbrennen Haut und Knochen.
und Gummi und Asphalt.
Trotzdem: ich bremse nicht.
Ich bin ein Verbrenner.
Und ich verbrenne: mich.

Erzähle mir

Erzähle mir von deiner Wut
Gib mir einen Grund mit dir zu fühlen
Wie du deine Eingeweide rauskotzt
Und dabei war das Porzellan gerade frisch
geputzt.

Dein Innerstes nach außen gestülpt
macht dich noch verwundbarer
Wo ist der Lappen der deine Erinnerung aufsaugt
Denn deine Hülle ist randvoller Schrei
Geschmack Angst.

Gebrochene Du vor Stillhalten Scham
Dein Rennen ist nur in der Zeit
Und in den Morgen hat's noch keiner geschafft
bevor sich die Schenkel der Zeiger im Zenit
schließen.

Maske

Ich habe sie schon fallen sehen
in seltenen Augenblicken
dann war's mir, als gäb's kein Halten mehr.
So tief zum Grund deiner Augen
doch nur für einen Wimpernschlag.

Entblößt dein Blick
du erschräkst, könntest du ihn selber sehen.
Und schon ist der Vorhang gefallen
vorüber der Moment dich zu berühren.

Fassadenkitt, Maskeradenfarbe.
Wie viel es dich wohl kostet.
Und doch bleibt der Riss
in dem deine Hoffnung versiegt.

Ich bin zum Sprung bereit,
Fassadenkletterer
mir reicht der Halt eines Haars.

Ich geh' und nehm' mir einen Stock

Es war ein elend krummer, harter Stecken -
wie viele Dinge hart und krumm und elend waren,
in meinen frühen, den allein gelass'nen Jahren -
zum Stochern in den Abflussgräben,
Containern und Altkleidersäcken.

In jeder halbverlass'nen Häuserzeile
nahm' ich mir diesen Stock, ich wollte keinen andern.
Ich ließ ihn ratternd über Lattenzäune wandern,
an Hütten, Gattern, Barrikaden.
Das Xylophon der Langeweile.

Doch von derselben bösartigen Gerte
krieg' ich heut' Schläge, aus dem Dunkel und von hinten.
Die unverdienten Prügel und auch die verdienten.
Den Zahn, die Freundschaft: Ausgeschlagen.
Ein stetes Hämatom der Härte.

Und dieser alte Stock wird mich nicht stützen.
Nach all den Jahren halt ich mich an den Geländern,
den Griffen, Balustraden. Doch, das wird nichts ändern.
In Fluren und in Treppenhäusern,
da werd' ich schwanken, stolpern, stürzen.

Ich ziehe trotzdem weiter um den Block-,
die Brachgelände und den Qualm der Abfallhaufen!
Ich geh' die unbekannten Zäune abzulaufen,
die graden Zäune fremder Leute.
Ich gehe. Und ich nehm' mir einen Stock -.

müde Großstadtballade

müde Großstadtballade
die Stadt in gesungener Form
dieser Tisch links ein einziger Tisch

anderthalb Stunden und
	selbstverständlich
erklang ein Raum

es sind diese Momente
zu denen ein Tag zerfällt.

Piano

durch schlafendes Land
gleichmütig wie endlos schnurrende Tiere
murmeln mit ihrem Ohr unterwegs

Aus den Träumen gescheucht
macht sie nicht milde

Wir bleiben verheißungsvoll
ob es vor den Fenstern
wunder was für Welten gibt.

Nimmerwandler

Dieser Schmetterling könntest du sein. Könntest
aus deinem Kokon geschlüpft sein, dich durch
einen Lolli gefressen haben, ein Salatblatt, eine
Gurke, hättest Kulleraugen-Generationen ein
allabendlich flehendes Nochmal entlockt und
Eltern, die dich auf dem Dachboden zwischen
Buchdeckeln in eine neue Kindheit retteten,
nostalgisch verklärt zurückblättern lassen, um dir
Loch für Loch in jeden neuen Tag zu folgen,
Montag, Dienstag, Mittwoch,
besonders in die Sahnetorte, die mit der Kirsche
obendrauf, diese Kirschen, die immer so schön
manierlich aussehen, und dann doch so
grauenhaft enttäuschend schmecken, dich
aber jedes Mal wieder auf ihren saftigen Glanz
hereinfallen lassen, um dich zu erinnern an diese
ledrige Süßsäuerlichkeit. Ein Schmunzeln also bei
der Sahnetorte, und dann die große
Verwandlung: Der Moment, wo die pellwurstige
Raupe ihre Hülle fallen lässt und, wie Batman sein
Gewand entblößend, zur Heroe aufsteigt und
nun an meiner Topf-Margerite saugt.
Das bist du, Nimmerwandler.

Der Wald in Kinderfarben

Der Wind greift heut mit beiden Händen
tief in seinen Farbenkasten.
Er malt sein Bild, weil er es kann.
Er schleudert, reibt und bläst hinein
in Blätter, Harz und Stamm
den leuchtendhellen Schein
aus Funken, Glut und himmelhohen Bränden.

Brennt Grün zu Purpur und Zinnober,
Weiß lässt er ins Gelbe fauchen,
Orange und Rot weht hoch ins Blau.
In diesem Sonnenuntergang,
der brodelt, qualmt und staubt,
zerknistert Laub und Farn
als wär es spät, sehr spät schon im Oktober.

Hellrot, marineblau und rosa
war'n auch unsre Kinderbilder.
Auch wir feierten Farbenfest
und ließen keinen Krümel Blau,
von Rot nicht einen Rest.
Das machte uns nichts aus.
Wir malten dann mit Schwarz, Oliv und Ocker.

So schwinden auch dem Wind die Farben,
malt nur noch mit Blei und Kohle.
weil er nichts anderes mehr hat
als Dunkelheit, Nacht und Asphalt.
Am Rand des Bildes fällt ein Blatt.
Doch ruhig steht der Wald,
blickt regungslos auf seine Feuernarben.

Auch ihn stört's nicht, dass Farben fehlen.
Er verzeiht dem Wind sein Wehen,
und dicken Ruß auf Baum und Strauch.
Der alte Wald, der Wind und Brand
oft kommen sah - doch gehen auch -
er sieht sein schwarzes Land.
Und wird sich bald schon neue Farben geben.

Flowers

I
Den Dunst durchbrochen.
Am Horizont der glühende Mohn
wie der aufgehende Morgen.

Sonnendotter. Passionsfrucht.
Gebärhöhle im Kern der Avocado.
Blaue Ahnung im aufsteigenden Nebel.

II
Ein struppiger Junge mit verkrusteter Nase.
Sehe erdige Hände gierig die Birne drehen.
Den Nagering, den es in ihrer Mitte hinterlässt.
Sein grinsender Ärmel wischt über den Mund.

Das Mädchen. Grashalmhaar.
Das Blühen ihrer Augen, als es die Backen bläht.
Samen in die Welt.
Ihr Lachen, es hallt noch in meinen Ohren.

Paddeln mit Phantomen

Die Sonne folgt dem Kanu westwärts.
Königslibellen paddeln,
flügelschwingender Wellenschlag
im Takt nachtblauer Gedanken.

Blesshühner mit schwarzen Köpfen -
das Phantom der Oper in schwimmenden
Nestern.

Die abgenagte Rüstung der Biber im
Weidenbusch,
der als Korkenzieher unbrauchbar.

Weiden bringen Glück, sagt man.

Wenn der Regen auswärts isst

Vor des Regens Stammlokal,
brav am Eingang aufgestellt,
sehen wir das Personal,
wie es die Passanten zählt.
Wartend, hoffend stehen sie.
Heißer Tag. Schwarze Livree.

Wo der Regen heut' wohl bleibt?
Tisch und Stuhl - sie stehen leer.
Wo er seine Lieder schreibt,
lange Lieder an das Meer.
Stehen leer, wie früher nie.
Heut' kein Lied. Nichts für die See.

Und der Koch am blauen Gas,
wo's sonst schäumt und zischt und spritzt,
hackt nur hartes Kaktusgras.
Und das Wiegemesser blitzt.
Schlägt und rührt in Apathie
Sand und Staub. Für ein Soufflee.

Und bereitet als Menü:
Dreierlei vom dürren Zweig.
Welke Blätter. Kalkfondue.
Ein Sorbet aus Mürbeteig.
Trockner Stock an Rosmarin.
Zum Dessert: Distelgelee.

Wohl bekomm's! Das geht aufs Haus!
Warten. Hoffen. Sorgenschwer.
Kellner schenkt Verzweiflung aus.
Regen? Nein, der kommt nicht mehr.
Macht mit Wolken, Nacht und Wind
- ohne uns - Abschiedstournee.

Und so wird halt uns serviert:
Graue Kiesel, saurer Wein.
Splitter, Späne, grob püriert.
Schrot aus Asche, Dorn und Stein.
Mehl und Brei. Monotonie.
Schluckt sie nur! Es tut nicht weh.

Wäscheleine

Aufgereiht
am Galgen baumeln
nur mehr unsere Hüllen

Ihr Flattern im Lavendelduft
Geköpftes Familienfoto

Dort der blutrote Fleck
verblasst. Zeugnis in Stoffbesetzung
Das Kleid, es ruft zum letzten Tanz

Verflüchtigt die Umarmung
deines Eau de Parfums

Geschichten erzählen ohne Münder

Am Morgen hängt der Himmel durch
überspannt aufgereihte Tränen.

Hommage an Donhausers Aprikosen

Das alles wird gestern gewesen sein.
Heute ist kein Tag für Aprikosen.
Die Sonne wird sich auf das Mahagoni geworfen
haben, wie es nur der frühe Abend kann:
feurige Färbung eines versengten Tages.
Farben wie die reife Frucht.

Der Flaum zart wie der eines Frühchens -
ablaufendes Zeugnis unserer Vorfahren.
Eine routinierte Bühne also für die Aprikose.
Ein Feuerball in der Quadratur der Dachluke:
Sakrale Spielfläche einer glänzenden Gottheit.
Das alles wird gestern gewesen sein.

Heute fällt Regen.
Kein Tag für Aprikosen.

Der Regen. Und der Wind – sein Sohn

Wenn der Wind zu Boden fällt,
draußen, an den Ausfallstraßen,
tief in dunkelgrüner Nacht,
und in Gräben, Rinnen, Schächten
sich mit seinen Sorgen quält,

liegt er kraftlos, traurig, schwer.
Dringt ein grausames Sich-Krümmen
schleichend ein, in seinen Traum
und ein Flackern seiner Lider.
Zweifel wirbeln um ihn her.

Bin ich immer nur ein Hauch?
Nur ein Aquarell aus Atem?
Nie ein Fassen? Nie Struktur?
Ziellos zwischen allen Schichten
wehend, zwischen Stern und Strauch?

Wie schon in so mancher Nacht
löscht der Regen letzte Lichter,
dass der Wind zur Ruhe kommt.
Wäscht die Angst aus seinen Träumen,
Staub aus Rinne, Graben, Schacht.

Deckt ihn zu mit weichem Glas.
Tausend Tropfen trösten ihn.
Regen wacht am Straßenrand.
Und er weckt den Wind am Morgen
mit dem Duft von jungem Gras.

Regen. Und der Wind – sein Sohn.
Stetes Strömen. Wildes Wehen.
Obdachlos und transparent.
Haben das, was Freundschaft heißt. Seit
gestern erst? Nein, immer schon.

Way to go

Das Leben schuldet einem
die Erfüllung der Wünsche
Das Gefühl, alles sein zu können

Mit einer Gebrauchsanweisung
die die Richtung wies
Warum

konnte er nicht sagen.
Ein gewisses Einverständnis mit
einer Ahnung.

Novalis

Gestirnnächte. Schattengänge in
überraschender Selbstheit.

Novalis Lilienhand verzerrt.
Kunst in ihrem Zauberspiegel -

Gesponnene Fabellehre.
Bildnisse. Steinerne Stachel.

Lyrik ist überflüssig.
Den Frevler verzehrt der himmlische Busen.

Ich stimme die Klaviatur meiner Seele.
Entsage dem Tag des Gartenkaufs.

Spaziergang im Garten des Broterwerbs

Lange Wege. Breite Beete.
Wachstum. Prämien. Minijobs.
Schattenpaar auf Schotterweg.

„Und das hier, was ist das für einer?
Dürrer Stängel. Wenig dran!"
„Den pflanzen wir seit kurzem an.
Praktikant als Web-Designer.

Bestäubungsfördernd. Bienenfreundlich."
„Ach tatsächlich? Sowas auch!
Und was ist das hier für ein Strauch?"
„Küchenhilfe. Wächst erfreulich."

Dünne Wurzeln. Kahle Halme.
Aufschwung. Start up. Werkstudent.
Unter Schritten knirscht der Kies.

„Und drüben bei den Radkurieren?"
„Helfer in der Bauwirtschaft,
Paketzusteller, Servicekraft,
Fachverkäufer. In Spalieren."

„Erträge gut und wenig Arbeit?"
„Pflegeleicht und anspruchslos!
Hier Frau'n mit Nagelstudios.
In der Solo-Selbständigkeit."

Wenig Wasser. Nirgends Schatten.
Reichtum, Trinkgeld. Niedriglohn.
Frisch geharkt ist jeder Steig.

„Und alle wachsen? Keine Klagen?"
„Eins-A Ware. Guter Preis.
‚Ein echter Kompetenzbeweis',
hört man die Einkäufer sagen.

Und nach der Ernte, wenig später,
blühend, rot und gelb und blau:
Da stehen schon die neuen, schau!"
„Und die alten?" „Legt der Gärtner

zum Trocknen in den hint'ren Graben.
Bricht und hackt sie handlich klein,
pflügt sie zur Bodendüngung ein,
wenn sie keine Kraft mehr haben.

Hübscher Cashback. Kleine Kosten.
Mehrwert. Frühschicht. Zeitarbeit.
Park im Sonnenuntergang.

Ich mag berechenbare Schlampen
Für und nach Arthur Isarin

Schlauer Kapitalismus
ahnt, dass es noch etwas Anderes gibt
im Leben als Designerkühlschränke

sagen diejenigen
die schon einen haben.

Das große „Sonst ...“

Die Börse fliegt in Überschall,
die Aktienkurse knirschen.
Ein Präsident hat Brechdurchfall -
er kann sich nicht beherrschen.

Weil: Dieses große Hamsterrad,
in dem wir alle strampeln,
hat lange schon den Reifen platt
und hält nicht mehr an Ampeln.

Zu Fuß und auf der Autobahn:
Die Algorithmen speien
auf den, der sich nicht wehren kann,
verschlüsselte Dateien.

Ich setz' mir Mützen auf den Kopf
und denk' es nicht zu Ende.
Ich schlag nicht auf den roten Knopf.
Ich zahle Alimente.

Ich weiß, ich hab' kein Kleingeld mit.
Und da kommt schon der Kellner.
Mein Aufmerksamkeits-Defizit
macht mich um Jahre älter.

Ich weiß auch nicht mehr, wo du wohnst
und mache, was sie sagen.
Wenn nicht, dann kommt das große "Sonst ...".
Kommt, ohne lang zu fragen.

Vage Vorstellung

Mit der vagen
        im Grunde
irrsinnigen Vorstellung

zukünftiger Nächte
begonnen, ohne dass es mir bewusst geworden
wäre, nehme ich ein Geschenk von Freunden

hier, und ein Ratschlag vielleicht
        wobei es tatsächlich
eine gemütlich dahergezogene Parole.

Wiegenlied

Absturz wagen
Das Leben fängt uns
Deine Angst kroch und der Mond

Die Zellentür schrie
Die Spinne nahm keine Notiz
Tag und Nacht tropften von mir ab

Endgültig lief das Auge
mit dem Himmel im Rhythmus.

Ich selbst und mein

Ruhe in mir selbst und geh aus mir heraus
Fünfe sind auch grad, denn zwei und zwei sind vier
Folge meinem Weg, doch bleibe ganz bei mir
Lege mich nicht fest, bau mir mein eignes Haus

Komme bei mir an, geh von mir selber aus
Ziehe in die Welt, und bleibe deshalb hier
Traue nur mir selbst, doch glaube gerne dir
Lächle, wenn ihr klatscht, doch pfeif' auf den Applaus

Mach sie ohne Atlas, meine lange Reise
Überquer' den breiten Strom der Warnhinweise
Und bin dann zuhause, wenn ich bei mir läute

Dabei stützt mich niemand, helfen keine Retter
Keine Beipackzettel und Kalenderblätter
Auch mein Spiegelbild nicht - gleich, wie ich es deute

Für einen, der schon alles hat

Ich hab' ein Paket für ein Geburtstagskind gepackt
und dachte, dass ich es nicht kenn'.
Ich legte rein,
was mir grad' unnütz, kümmerlich und lästig schien.
Geschenke der Empfindungslosigkeit.

Ungespielte Melodien, einen scheuen Scherz,
ein Kümmern, einen Kindertraum
tat ich dazu.
Aus der Kollekte des Vergessens: Kupfergeld.
Und einen hastig hingeschrieb'nen Brief.

Doch das Geschenk sprang vor und hinter sich.
Kein Jubilar, der seine Schleife löste.
Der eine gab's an diesen, der an jenen.
Und keiner, der - was drinnen war - entblößte.
So traf es endlich wieder einen: Mich.

Doch etwas drehte sich. Etwas ging schief.
Aus Münzen wurden Schulden, Musik abgestellt.
Der Scherz: tabu.
Das Kümmern und das Träumen: Schau
wie sie elend sind, am Ende dieses Tauschkonzerts.

Ich danke für die Niederträchtigkeit.
Den Brief und das Präsentpaket, man hält's mir hin.
Ich nehm's, s'ist meins!
Ob ich die Handschrift wohl erkenn'?
Alles war von Anfang an von Mir für Mich gedacht.

Wir Ichs

Ich könnte
wenn ich wäre.
Doch dazu müsst' ich sein.
Denn um allein zu können, hälfe
ein Subjekt ungemein.

Bin ich nicht sicher, wer noch was
mich letztlich selbst macht aus,
kommt dann zuletzt ein
Subjekt
überhaupt heraus?

Das was als Ich bezeichnet,
ist nichts
als kumuliertes Klein um Klein.
Kann man daraus wirklich
als Ich bezeichnet sein?

Mein Wesen wie es nun mal ist -
nicht einmal ich
werd' aus ihm schlau.
Schau ich in einen Spiegel,
weiß ich selbst nicht so genau,

wer oder was mir da heraus
entgegenblickt.
Nur dass, wenn ich ihm
entgegenlächle,
es freundlich mir entgegennickt.

Doch was,
was zeigt dieses Spiegelbild mir an?
Nichts von was ich
meine was mich ausmacht,
ist, was es anzeigen kann.

Die Singularität des Ich wird
keinem je gerecht -
das muss ich wohl bekennen.
Drum ist es letztlich wohl gerecht,
dass wir uns ALLE selbst so nennen.

augenstoff

ich gleiche mich meiner lederjacke an sie ist wie
ein haustier über die jahre assimilieren herrchen
und herr sind nicht mehr auseinanderzuhalten wir
sehen im zwielicht besser aus wir schmiegen uns
aneinander und gerben gemächlich bedauern
bitterstoffe mich hegt meine hindugöttin wir
huldigen dem geschmeide pflege kam schon
öfter zu kurz die spuren reißen ihr steht patina
besser wenn ich sie ausführe zieht sie an blicken
mancher streift mich schätzt ab wer sich besser
hält wer wen vorführt ist einerlei man füttert uns
komplimente zusammen sind wir augenstoff
besaufen uns in ecken pinkeln andere ich hüte
sie ich brauche ihren schutz wir riechen gleich
warum auch nicht lecken an der alten haut
deine narben sind meine und nach all den
jahren die ich sie trage trägt sie noch immer
keinen namen

himmelshäupter

schritte auspacken wie koffer
gefahren bis an die wand
im regal lauern die klassiker
herkunft verzogen

ich wette nur mit eselsohren
in blättern husten regenwürmer
ich male kreise auf jede seite
mache mein x auf himmelshäupter

Ein Ingwergelb auf großer Fahrt

Von hoch, aus Süd, Süd nach Südwest:
Ein Ingwergelb auf großer Fahrt,
in einem Meer aus Kinderaugenblau.
Es dreht nicht bei, es macht nicht fest.

Es geht den Weg, den es zu gehen hat.
An seinen Flanken sprüht die Gischt.
Es steigt herab, es blendet, brennt.
Die Abendflaute streicht die Wellen glatt.

Matrosen streuen Flittergold
mit vollen Händen auf die See.
Sanft schwebt es überm Ankerplatz,
die hellen Segel werden eingeholt

und Flammenleinwand hoch an jeden Mast gebracht.
So havariert das Feuerschiff
- wie jeden Tag - mit einem weichen Horizont.
Dann glüht es, lautlos dröhnend, bis es sinkt.
Und über Kinderaugen legt sich Nacht.

Der Malerfreund

Deine Fingerkuppe malen
und Paris fühlen
eintauchen in deine Farben

als du mir Modell standst
folgte ich der Linie deines Sternums
folgte dir und du gingst nicht

Unser Pinseltanz im Puppenatelier
Münder wie Wunden
Den Fluss der Farben dürsten

Studium der Scham aufs Blatt kratzen
Schattierungen im Lakenwurf.

Mondscheinauge

Als Gegengabe eine Mondscheinkette
ein wenig kühl wie ein Verräter
der Blick zu Seite. Wie im Stummfilm
die Geräusche vergessen. Der Abschied

wie Schlaglöcher. Tiefflieger unter
dem Radar das Glitzern von
Mondscheinaugen.

Makel, ausgewaschen

Staub auf den Treppenstufen
Die Selbstverständlichkeit verlangt Makel

Der Wind hatte die Farben ausgewaschen
das Licht veränderte ihre Gegenwart

Dass ich nicht weiß, was sie danach
erlebt hat, ist fadenscheinig

Verzeihliches Tarnen in mittelmäßigem Verstand
mit müden Gliedern und nassem Haar.

Es schien ratsam, ihn zu trösten
Das Leben war nur gespielt.

Früher oder später

Denk nicht so klein. Und wag' mal was.
Sonst fährts du immer nur nen
Kleinwagen.

Wahrscheinlich find'st du's nicht so schön.
Doch du wirst brav den schönen
Schein wahren!

Beklag dich nicht! Das ist zuviel!
Du willst das doch nicht etwa
einklagen?

Du gehst ganz früh und kommst sehr spät.
Doch früher war es mit dir schön.
Du gehst ganz früh und kommst sehr spät.
Woll'n wir nicht später weiter seh'n?

Komm wein' doch nicht. Du willst's doch auch!
Willst du danach noch einen
Wein haben?

Red' keinen Scheiß! Ich lad' dich ein!
Was ist denn das hier für ein
Scheißladen?

Ich bin so schrecklich jähzornig?
Ich will dir nur nen Schrecken
einjagen!

Von spät bis früh, von früh bis spät.
Im Frühling war's besonders schön.
Von spät bis früh, von früh bis spät.
Sollt' ich nicht spätestens jetzt geh'n?

Dein „Nein, hör auf"! - Ich hör nicht hin!
Und hör' dich dann auch nicht mehr
„Nein" sagen.

Ich will nur kurz ... Gib schon klein bei!
Sonst werd' ich alles kurz und
klein schlagen!

Dein Kleinkram – ich ertrag ihn nicht.
Gib her, ich will jetzt uns'ren
Klein'n tragen.

Es war zu früh. Es ist zu spät.
Mir kommt's jetzt vor, als war's nie schön.
Es war zu früh. Es ist zu spät.
Es wird so nicht mehr weitergeh'n.

Du bist wie ein Hund

Du bist wie ein Hund
läufst vor und zurück
umkreist mich spielerisch

Und schnappst
wenn dir was nicht gefällt
Schnupperst am Rinnstein

Die Ausscheidung der andern
fandst du stets interessant
Du pisst daneben

Lässt auch sie teilhaben an
deinen Aussonderungen
Viel Unverdauliches kommt da heraus

Lauf weiter, geh verloren
Du kommst ja eh wieder
zu mir zurück.

Ich, dein Dünger

Hier liegst du.
Ruhst. Meine Finger
in deiner Erde.

Es ist dir gleich. Ich
fließe. Bin dein Dünger.
Silhouetten wie Samen.

Steche die Schere
mit beiden Händen wieder
und wieder ekstatisch hinein.

Braune Klumpen spritzen
bis ich eins bin
mit meinem Massaker.

Salz und Erde.
Eins bin mit dir.

Die Kuckucksbahn

Fahr noch ein Stückchen mit mir auf der Kuckucksbahn
und schau, wie sich die Kiefern mit den Fichten wiegen.
So will ich lächeln und in deinen Armen liegen,
auch wenn ich Abschied auf der Zunge spüren kann.

Ein kalter Wind weht weites Land zu uns herein.
Wildblumen blühten an den Wegen unsrer Reise.
Bei jeder Weiche steh' ich jetzt und frag' die Gleise:
Zieh' ich noch weiter mit dir? Lässt du mich allein?

Die Kuckucksbahn, sie kennt nur diesen einen Schrei.
Wir fahr'n durch Wälder. Und er fährt mir in die Glieder.
Ihr Kuckuck. Kuckuck. Ruft sie wieder, wieder, wieder.
Wir sind noch immer Eins. Und bleiben immer Zwei.

Zerrinnen der Zeit

bis wir versöhnliche Worte finden.
Suchen nach dem Moment
uns gegenüberzustehen.

Jahre

und der Muskelkater
hinterlässt Striemen, deren Spur
zu verfolgen zu schmerzhaft wäre.

Kein

Jammer dir gewachsen. Mir kein Fell.
Nur das Wissen, es muss ihn geben. Bald.
Den Moment, wo wir voreinander stehen

und

Außen, da mag Ruhe sein

Dieser Klang -
der scharfe
Sopranistinnen-Gesang
aus spitz gespannten Strängen einer Harfe

Eisengräten
am Weißen und am Schwarzen des Klaviers
Von korrodierten Drähten
das Klagen eines Tiers

Zwei Kämme aus metall'nen Sehnen
die knarzend sich entgegen dehnen
sich ineinander lehnen.

Gitter, durch und durch gezogen
unter Kreischen eingewoben
oben unter unten, unten über oben

Stahl-Karkassen
Gabeln, Krallen
eine in die and're fassend -
Käfigstäbe einer Venusfliegenfalle.

Außen, da mag Ruhe sein.
In mir rasseln die verschränkten Saiten wie Besteckschub-
laden.
Hör ich Kreide über Schiefertafeln schrei'n
und Nadeln kratzen über Schellackplatten.

Silbenfäden im Siphon

Verstoßendes annehmend
Verlorenes gewinnen
sich suchend selbst verlieren

im Gewirr der Gedanken
im Strom
im Sog der Assoziationen

der Stimmen, die da flüstern aus
tausend Mündern. Wie hungrige
Worte den Raum besetzen

zum Verschlingen bereit
gleich Würmern wimmelnde Worte.

Ein Pfropf aus Silbenfäden im Siphon
zwischen Materie und Geist
den zu entspinnen gilt

im Fadenkreuz

konzentrisch konzentriert – also nicht,
einkreisen, bis letztlich auf den Punkt
im Fokus als Versuch

und doch verworfen.

Phoenix, Arizona

Arizona liegt so fern.
Entlang des Highways rollt der Wind die dürren Hecken.
Von einem Horizont, quadratisch und türkis,
aus Tunneln, grelle Mittelstreifen an den Decken,
von dort her schwebe ich,
aus diesen Tiefen. Sie befördern mich.
Weiß lackiertes Galgenrohr und die Triangel baumelt.
Ein Rad da unten – flackernd, taumelnd.
Es sendet eloxierte Zeichen vom
Verlust des Angeborenen,
und vom Vergessen des Verlorenen,
dem Sinkflug des umsonst Beschworenen.

Arizona gibt es nicht.
Der Schattenriss aus Pferd und Mann –
ich warte flügelschlagend auf ihn, denn
er reitet nicht alleine in den Sonnenuntergang.
Ich seh' sie lila, weiß und rosarot an mir vorübergehen,
das letzte Blau aus ihren Kittelzipfeln wehen.
Die Netten.
Sie versorgen das da in den Betten,
den Grünspan unter meinen Schwingen,
die Infizierten, Resistenten, die Hartnäckigen,
vom Cortison Rundbäckigen,
von Hämatomen Fleckigen.

Arizona kommt nicht mehr.
Kein Lederduft nach Sattel, Halfter, Zügel,
nur trocknes Schlucken und das Wachen,
statt Kakteen, Colorado River, roten Hügeln.
In abwaschbaren Sitzgelegenheiten wartet Schmerz.
Quietschend schieben sie mich abendwärts.
Wie all die andern Leiber in den Laken,
die noch eben im Computertomografen staken.
Kaltes Gel, ein Stich aus Stahl, dann lange nichts.
Doch: Liegt es nicht vielleicht irgendwo da - ?
bei Tuscon, Flagstaff, der Sonora - ?
Lasst mich aufsteh'n, fliegen - nach Phoenix, Arizona - .

Zufall & Zerfall

Und wieder hältst du den Atem an.
Die Maschinerie in Gang
Alltag außer Kraft. Welche Weihe
dir angedient wird – schützender Mantel
oder Totenhemd – wirst du zögerlich erfahren.

Jeder Befund ein Baustein
deiner Vita. Ein Corpus
zum Kitten. Der Auftrag des Gegners
heißt zersetzen. Mürbe
bröselnder Teig, der durch die Finger zerfällt.

Und Gott spielt seinen Abzählreim.
Und wieder hältst du den Atem an.

Tonspur

Die Pelle auf den Leib gerückt
wie Speere reihen Rippen
an die Front. Brustloser Panzer.

Amputation klingt nach Krieg.
Ablatio nach Deklination.
Oder Musik.

Du siehst Kardias Weihe
zum Leben – Zeichen d/s/einer
Unbedingtheit, drängend, fordernd.

Jedes Weiter kennt nur eine Richtung.
Wie viele Takte schlägt dein Requiem?
Wessen Feder fällt meine Partitur?

Hymnisches Verlangen.
Also sprich, Zarathustra,
wer bietet mir die Ewigkeit:

Haydn oder Gott,
der Schöpfer oder Schubert?
Ich setze meinen ersten Ton.

Leaving Stroke Unit

Diesen Raum füllt grünes Licht.
Blinken, das den Herzschlag zählt.
So viel Zeit, um wach zu liegen.
Nachts: ein ausgeknipster Tag.
Und die Decke wölbt sich weit.
Schmelzen. Brennen. Glut.

Atem, der sich aus mir quält.
Schlechte Luft und langes Liegen.
Röhren, Kabel, Schläuche. Draht.
Keine rote Lache seit
gestern. Das macht Mut.

Blinde Fenster, tote Fliegen.
Wie er's wohl den Kindern sagt?
Sich belügen macht sich breit:
Ja. Es geht mir gut!

Doch: Das Leben - ausgeschabt.
Stechend harte Einsamkeit.
Seltsam. Keine Wut.

Spüren: Es ist jetzt soweit.
Sinnlos, was man tut.

Ich verliere Blut.

yantra

haue mich
raus. Aus diesem käfig
gegen dessen gitter
mein kopf schlägt. verrückt
die perspektive auf
das fehlen einer. limitierung
in raum & zeit. können wir
entkommen, wenn
wir das muster
selbst sind?

Mit dem Kopf unter Wasser

Mit dem Kopf unter Wasser bist du Stille.
Hörst du alles wie durch Schleier und ganz weich,
leise dröhnend. Und das Oben ist sehr fern.
Du hörst Lachen, hörst sie rufen, jemand schreit
und sie johlen und sie toben. Du wärst gern
sehr weit weg und alleine auf der Welt.
Nicht umzingelt, nicht umringt.

Mit dem Kopf unter Wasser siehst du Strahlen.
Helle Blasen, grüne Perlen. Und das Licht,
das so glitzert, das so schimmert und so flirrt.
Und dein Schatten auf dem Boden: dunkler Schein,
direkt vor dir, wie er sucht und wie er irrt.
Wie er hypnotisierend steigt und fällt,
hin und her zur Seite schwingt.

Mit dem Kopf unter Wasser schmeckst du Klarheit.
Da ist mehr als kaltes Wasser. Es riecht zart,
leicht nach Hellblau, wie der Duft von dünnem Eis.
Deine Lunge fühlt sich taub an. Schwere Luft,
die als Schwall bloß aus dir dringt, statt eines Schrei's,
und als Schaum deines Atems aufwärts schnellt,
an der Oberfläche schwimmt.

Mit dem Kopf unter Wasser trinkst du Wellen,
immer mehr und immer schneller. Und es spritzt.
Bleib ganz ruhig! Es wird kühl und du bist nackt.
Noch ein Zucken, noch ein Schlucken. Und du fühlst
all die Weichheit, die dich einhüllt, die dich packt.
Spürst die Hand, dort im Nacken, die dich hält,
die dich unter Wasser zwingt.

Mit dem Kopf unter Wasser. Letzte Wärme.
Sanfte Strahlen auf dem Rücken. Und dein Haar?
Braune Schlieren, treiben sanft an dir vorbei.
Alles fließt und alles schaukelt. Eine Flut
nasser Kälte strömt in deinen Körper ein,
der sich dem, was da kommt, entgegenstellt -
schließlich doch zu Boden sinkt.

ConJunction

erzähle ich jemandem
Dinge
verwaist

jenseits der Erfahrungswelt
und außerdem auch selbst erlebt

einmal im Leben nach Kinshasa reisen
oder Kathmandu

wann immer ich
denkbar gewesen wäre

Affin

ich bin affin
springe über blätter bäume
überspringe bäume wälder

suhle mich und lande beim

verrate den kunstaffen

ich bin affin
ergreife fliehendes pferd
den kopf voll schleifen

dickicht für affine
zauberwälder lilianensynapsen
beschwingen

wie bin ich nur hierhergekommen?
labyrinthgänge aufzeigen
googele mindmap

das löffeln von affenhirnen
kunstturner: wir sind alle affine.

Der kleine Zug nach Fulda
Für Iris Wolff

Ein Zug steht am Bahnsteig im Morgendunst.
Der Zug ist sehr klein.
Es passt nur ein einsamer Fahrgast hinein.
Und der Zug erwartet mich,
denn der einsame Fahrgast bin ich.
Die Türen hinter mir schließen sich.
Und der Zug fährt los Richtung Fulda.

Der Zug fährt mich schnell durch den wolkigen Herbst,
hastet schneller als Krähen und Drachen,
schneller als Zauberer Kartentricks machen.
So schnell wie das böse Erwachen.
Auf Kornfeldern wogen die goldgelben Lasten,
am Bahndamm wogen die blassen Astern,
und es wogen die Kabel der Hochspannungsmasten -
Hin und her, auf und ab, bis nach Fulda.

Der Zug ist ein fahriger Pinselstrich.
Fährt rauschend vorbei an Kühen, die träumen,
vorbei an entlaubten Maulbeerbäumen
und lässt die Lokomotive pfeifen.
Bringt Salzhering, Blut, Hagebuttengelee,
Prügel, Pistolen, ein Fass voll Schnee
und den Frost, wenn die bitteren Quitten reifen.
Der Zug bringt mich nordwärts nach Fulda.

Der Zug nach Fulda ist mehr als ein Zug.
Kann eine Fähre sein oder ein Fischerkahn,
ein Taxi oder ein Nachtbus,
ein U-Boot, ein Floß, eine Achterbahn.
Und manchmal geht er mit dem Stock zu Fuß.
Als Schiff liegt er leck im Trockendock.
Mal brummt ein Propeller vorn an der Lok.
Mal winkt mir ein schweigsamer Kutscher vom Bock.
Und Fulda liegt abseits im Nebel.

Ich traue ihm nicht, diesem kleinen Zug.
Er rast über schimmernde Weichen,
über Schotter und dröhnende Schwellen,
übers Moor und den Laich in den Krötenteichen.
Er rennt über Dämme und Deiche,
über Dünen, das Watt und die Wellen
und die schwankenden Schatten der Wasserleichen.
Und doch hat der Zug Verspätung.

Für jeden kommt ein Zug nach Fulda.
Hier werden alle Sprachen gesprochen,
in allen Sprachen Versprechen gebrochen
in allen Sprachen geschwiegen.
Nichts ist hier wichtig.
Alles ist wahr und das Gegenteil richtig.
Hier kann ich in jeder Nacht von neuem
wach im Schlafwagen liegen
und Sand in die räudigen Teppiche streuen.
Der Zug fährt blind durch das Dunkel.

Auf den Zug nach Fulda springt nie jemand auf.
Auch in vielen Jahren
werd' ich noch immer allein mit ihm fahren.
Doch heute schon weiß ich, was diesem Zug fehlt:
Ein Kind, das Wolken und Kirschblüten zählt,
ein Tag, der die Nacht in den Schatten stellt,
eine Grube, in die der Zufall fällt.
Und eine Brille gegen die unscharfe Welt.
Damit alle ihn sehen - den kleinen Zug nach Fulda.

Mit rundem Rücken der Sternenhimmel

Eine Welt aus Watte in der Hosentasche -
möglichst angezogen, möglichst gewaschen,
nahm einen Spiegel und zog den Lippenstift
nach.

Sie würde sich drehen,
zu viel Rasierwasser, zu viel Heiterkeit,
und wer genau hinsah, konnte sehen,
dass die eine Wange röter war als die andere.

Den Geruch von Rosen, den sie an sich trug,
weil sie getrocknete Rosenblätter zwischen ihre
Wäsche legte.
Ihre Art, das Wesentliche mit den Augen zu
sagen.

Blackout-Poetry aus Iris Wolffs „Die Unschärfe der Welt"

wortopfer

die feder spuckt stumme tinte aufs weiß -
auslaufende gedanken

die darauf trocknen
gelöstes sediment

kondensierter aggregats-
zustand erstarrt in 26 posen

zuvor das blanke blatt
wie ein jungfräuliches laken

eine karte : verzeichnis aller möglichkeiten
ohne straßen. ohne weg

keine markierungen. keine richtung
die namenlose wüste gobi

mit dem wort dann der ausschlag
der kompassnadel

grenzstein auf der landkarte
deiner offenzulegenden fährte

mit allem, was da kommt, schrumpft die welt
in deinem auge zu buchstaben, worten

die schranken in deinem kopf zeichnen
die striche auf dem bogen

dem du mit dem ersten tintenklecks
die welt stiehlst

Verflüssigte Seele

Diese Worte sind nicht für dich.
Sie brauchen dich nicht

Sie brauchen nur dieses Papier
der Form halber. Meinethalben

Die Worte geben mir Grenze. Gestalt
Kontur. Klarheit

In jedem ist alles enthalten
Wir können sein, was wir wollen

Diese Tinte ist wie Bronze
die Statuen ausgießt. Sie füllt
mich mit Inhalt

Verflüssigte Seele
die Spur auf der Suche nach mir.

Es ist gut

Trifft der Donner mich als Schlag
und die Sonne wie ein Blitz,
blendend einen ganzen Tag,
wird aus Regen ein Getränk,
das ich nicht zu mir nehmen mag.

Schnee, der hart zu Boden fällt.
Wie ein Messer ritzt der Wind
tiefe Kratzer in die Welt.
Meine Nacht: Ein schwarzer Schaum,
der mich in sich gefangen hält.

Stell mich einfach hinten an.
Atme ein und atme aus.
Ich bin doch eh noch ganz gut dran!
Leg mich hin und ruh mich aus.
Auf mich kommt es jetzt nicht mehr an.

DER AUTOR

*𝒥*ürgen de Bassmann

*1964, Ausbildung zum Sortimentsbuchhändler; Tätigkeit als freier Journalist, später als Texter in einer Werbeagentur, danach als Redakteur bei einem Zeitungs- und Buchverlag; heute im Finanz-Marketing; lebt in Kandel (südliches Rheinland-Pfalz).

Ist Initiator und Mitglied des Autorenkollektivs *Alles Literatur!* und kuratiert dessen Lesereihen.

Sein Buch „Ich hätte tiefer schlafen sollen" ist 2022 im Eigenverlag erschienen (ISBN 978-3756276066).

DIE AUTORIN

va Hoffmann

*1977, studierte Theaterwissenschaft und BWL in Mainz; verbrachte Auslandsjahre in New Hampshire/USA und Valencia/Spanien.

Viele Jahre freie Journalistin, nun Schulbibliothekarin an ihrem Wohnort Neustadt an der Weinstraße und Coach für Kreatives Schreiben.